Anne van Stappen

Caderno de exercícios de
escuta profunda de si

Ilustrações de Jean Augagneur
Tradução de Clarissa Ribeiro

EDITOR VOZES

Petrópolis

© Éditions Jouvence S.A., 2016
Chemin du Guillon 20
Case1233 — Bernex
http://www.editions-jouvence.com
info@editions-jouvence.com

Tradução realizada a partir do
original em francês intitulado
*Petit cahier d'exercices
d'écoute profonde de soi*

Direitos de publicação em
língua portuguesa — Brasil:
2022, Editora Vozes Ltda.
Rua Frei Luís, 100
25689-900 Petrópolis, RJ
www.vozes.com.br
Brasil

Todos os direitos reservados.
Nenhuma parte desta obra poderá
ser reproduzida ou transmitida
por qualquer forma e/ou
quaisquer meios (eletrônico ou
mecânico, incluindo fotocópia
e gravação) ou arquivada em
qualquer sistema ou banco de
dados sem permissão escrita da
editora.

CONSELHO EDITORIAL

Diretor
Gilberto Gonçalves Garcia

Editores
Aline dos Santos Carneiro
Edrian Josué Pasini
Marilac Loraine Oleniki
Welder Lancieri Marchini

Conselheiros
Francisco Morás
Ludovico Garmus
Teobaldo Heidemann
Volney J. Berkenbrock

Secretário executivo
Leonardo A.R.T. dos Santos

Projeto gráfico: Éditions Jouvence
Arte-finalização: Sheilandre
Desenv. Gráfico
Revisão gráfica: Alessandra Karl
Capa/ilustração: Jean Augagneur
Arte-finalização: Editora Vozes

ISBN 978-65-5713-425-2 (Brasil)
ISBN 978-2-88911-732-1 (Suíça)

Este livro foi composto e impresso pel
Editora Vozes Ltda.
Rua Frei Luís, 100 — Petrópolis, RJ —
Brasil — CEP 25689-900
Caixa Postal 90023 —
Tel.: (24) 2233-9000
Fax: (24) 2231-4676

Dados Internacionais de Catalogação na Publicação (CIP)
(Câmara Brasileira do Livro, SP, Brasil)

Van Stappen, Anne
    Caderno de exercícios de escuta profunda de si / Anne Van
Stappen ; ilustração de Jean Augagneur ; tradução de Clarissa
Ribeiro. — Petrópolis, RJ : Vozes, 2022. — (Coleção Praticando o
Bem-estar)
    Título original: Petit cahier d'exercices d'écoute profonde de soi
    ISBN 978-65-5713-425-2
    1. Autorrealização 2. Teoria do autoconhecimento
I. Augagneur, Jean. II. Título. III. Série.

21-94483

CDD-158.1

Índices para catálogo sistemático:

1. Autoconhecimento : Psicologia aplicada   158.1

Cibele Maria Dias — Bibliotecária — CRB-8/9427

> ## Eu tenho muito trabalho, devo rezar por mais uma hora!
> Martin Luther King

Nós todos sabemos a que ponto é importante que um ouvido atento e benevolente nos acolha quando estamos em dificuldade da mesma forma que quando experimentamos alegrias. Ora, pode acontecer de não podermos receber essa escuta à qual aspiramos.

E se nós nos tornássemos, então, para nós mesmos, esse ouvido atencioso, esse amigo presente e disponível?

É a arte de se dar esse gênero de escuta que será o objeto deste caderno.

A escuta profunda de si é uma maneira única e insubstituível de trazer para a sua vida ordem, prioridades, clareza, consciência e ternura consigo mesmo. Daí derivam, infalivelmente, centramento, ação correta e benevolência por cada ser humano.

Mas não é tão simples criar momentos de encontro consigo quando se ignora como fazer isso, quando se tem uma família, um trabalho, responsabilidades... E não é, nem na escola, nem em família, que nos ensinaram as instruções de uso do acesso a si mesmo! Na realidade, nós aprendemos sobretudo que era necessário pensar nas pessoas de nosso convívio. Aliás, nós tememos nos escutar por medo de nos perder na complexidade e/ou na vastidão do que nos habita. Então, frequentemente nós nos esquivamos da exploração dos aspectos de nossa vida que estão em desordem ou causam sofrimento, esperando que eles se evaporem milagrosamente.

mmm, mais uma miragem

Ora, é evidente que as consequências da falta de cuidado consigo são múltiplas: burn-out, compensações intoxicantes, depressão, exasperação, violências contra o outro ou contra si mesmo... Mas nós imaginamos que, se parássemos para nos acolher, estaríamos desperdiçando nosso tempo ou nos arriscando a ficar submersos em todo o "mal" que acreditamos conter.

➤ Uma colega teve que parar de trabalhar por conta de um problema nas costas, para enfim reconhecer que estava em *burn-out*.

➤ Um pai de família, apaixonado, louco por sua mulher, se doou demais, a ponto de a supressão na qual ele se colocou por tanto tempo o ter levado a uma depressão.

➤ Um amigo me contava que ele não amava mais seu trabalho, mas não encontrava tempo para sossegar e avaliar a situação.

Testemunho

A história de Lea, uma menina de oito anos, dá testemunho de uma sabedoria maior do que a que demonstramos geralmente: na rua, enquanto caminha ao lado de seu pai, Lea tromba com um poste. Irritado, seu pai lhe diz: "Lea, onde você está com a cabeça?". E Lea responde, como se fosse óbvio: "Pai, eu estou olhando para dentro de mim!"

No mundo atual, onde tudo se acelera, se complexifica e se torna cada vez mais imprevisível, nós precisamos mais do que nunca encontrar meios de estar nos eixos, de ter clareza e estabilidade. Quando nós nos respeitamos, nos sentimos melhor, isso influencia todos os aspectos de nossa vida. E nós temos igualmente muito a ganhar com o desenvolvimento de nossa gratidão pelos presentes da vida! Ora, nós queremos tanto permanecer produtivos e rentáveis que frequentemente nos mostramos incapazes de desacelerar para saborear plenamente aquilo que vai bem.

Este caderno visa a transmitir maneiras de se conectar consigo, a fim de estar bem consigo mesmo.

Antes de explorar a autoempatia profunda (assim como a autocompaixão, ou a "escuta carinhosa e benevolente de si"), e como ela é em sua maioria fruto da **Comunicação não violenta** (CNV®), criada por Marshall Rosenberg, eu vou lembrar brevemente como eu vejo a CNV®. É uma maneira humanista de considerar a vida. Ela nos propõe um modo de pensar e de falar que trazem bondade, clareza, força, criatividade e alegria em nossas existências.

Esse modo de pensar consiste principalmente:

→ em ver cada pessoa, quaisquer que sejam seus atos e condicionamentos, como um ser humano habitado de sentimentos e de "necessidades" (palavra que é sinônimo de aspirações, valores, desejos, sonhos);

→ em considerar como iguais nossas aspirações e as dos outros;

→ em nos lembrar que somos mais felizes e damos o melhor de nós mesmos quando nossas necessidades são reconhecidas e levadas em conta;

→ em preconizar o poder com em vez do poder sobre;

→ em ver a violência como a expressão trágica de necessidades insatisfeitas;

A CNV® nos ensina como conhecer e experimentar com profundidade nossas sensações e, em seguida, a partir delas, nos permite descobrir nossas aspirações. Com efeito, ela estabelece uma ligação direta entre nossas vivências e necessidades: nossos sentimentos, sensações, emoções não nos habitam por acaso, eles encontram sua origem, sua raiz em nossas necessidades, termo que engloba as **necessidades fisiológicas** (comer, beber, dormir, respirar, eliminar), **emocionais** (amor, partilha, ternura, alegria, segurança etc.) **e os valores mais elevados e nobres** (beleza, evolução, sentido comunhão, autenticidade, coerência, equidade, altruísmo...). E estando conscientes ou não, nos levantamos de manhã porque esperamos satisfazer aspirações e/ou sonhos e nos aproximar de nossos valores mais prezados.

Então, para podermos viver uma vida de qualidade, devemos, ao mesmo tempo, conhecer nossas aspirações profundas e pesquisar como nos aproximar delas. A CNV® nos ajuda nisso, nos propondo um caminho de consciência para nos tornarmos mais humanos e uma gramática do diálogo a serviço dessa consciência. Com suas chaves para a sociabilidade e sua filosofia, ela contribui para o desenvolvimento de nosso coeficiente emocional, uma ferramenta ímpar para embelezar nossas relações.

Por ter apresentado a CNV® em detalhes em quatro cadernos, eu só descreverei aqui as modalidades e etapas da escuta profunda de si, ou "autoempatia", assim como da autocompaixão, duas maneiras potentes de se acalmar e acessar a sabedoria que habita em nós.

Na **autoempatia**, nós escutamos e acolhemos as mensagens de nosso corpo e de nosso coração, depois pesquisamos o que elas tentam nos revelar sobre nós mesmos: nossas necessidades, valores ou aspirações profundas. Em seguida, a partir disso, podemos fazer demandas destinadas a satisfazê-los.

Por exemplo: você tem um encontro com um amigo um pouco boêmio e, sem explicação, ele não aparece. Em vez de se responsabilizar ou de se irritar com ele, você pode escutar seu sentimento e tentar adivinhar suas necessidades*. Veja no que isso resulta:

1. Estou inquieto porque gostaria de ter certeza de que nada grave aconteceu?
2. Estou decepcionado porque a ideia desse reencontro, dessa conversa entre nós, me alegrava?
3. Estou contrariado porque preciso acreditar que tenho valor e porque teria gostado de ter sido avisado a tempo dessa mudança de planos?

* Uma necessidade, tal como a CNV® a considera, é abstrata, universal descrita positivamente, e não implica uma outra pessoa! Para chegar lá, escrever "eu preciso de" em vez de "eu preciso que você..." pode ajudar.

Conectar-se com sua vivência é precioso pois, quando uma vivência é desagradável, ela nos sinaliza que temos necessidades insatisfeitas. E, quando as conhecemos, podemos agir para tentar satisfazê-las. Nesse exemplo, segundo a resposta que condiz com você (1, 2 ou 3), a ação a realizar ou a demanda a expressar será muito diferente:

➡ Você pedirá maiores precisões quanto a essa ausência inexplicada.

➡ Você marcará um outro encontro, esclarecendo que isso é importante para você!

➡ Você falará de seu desejo de esclarecer a situação, assim como de sua vontade de ser informado três horas antes caso o combinado mude novamente.

E se uma vivência é agradável, experimentá-la plenamente aumenta nossa alegria de viver.

Aqui estão os indicadores que anunciam que nossa empatia realizou sua magia: nossos estados emocionais desagradáveis – tensão, stress, desânimo, raiva, amargor, medo – nos deixam, sendo pouco a pouco substituídos por vivências agradáveis – impulso de vida, alívio, boa vontade, compreensão, ternura etc.

1. Etapas gerais da autoempatia

→ Fazer o balanço de uma situação, da maneira mais neutra e mais factual possível.

→ Tomar consciência de nossas vivências, fisiológicas e emocionais, e acolhê-las com paciência e persistência. Se, além disso, nós nos acolhermos com benevolência, falaremos então mais de autocompaixão do que de autoempatia.

Pode ser difícil acolher todos os seus estados de espírito, porque acontece de estarmos inconscientes de certas sensações ou de nos recusarmos o direito de ter certos sentimentos, como a raiva ou a depressão.

→ Desvendar e acolher todas as nossas necessidades na situação em questão: às vezes, pode-se levar horas antes de poder acolher todas as camadas de nossas necessidades, da mais superficial à mais profunda.

→ Explorar quais demandas ou ações poderiam satisfazer algumas dessas necessidades.

→ Verificar nossos sentimentos depois de ter realizado a quatro etapas.

Se você pratica a simplicidade, sua vida se torna simples!

Estas são as questões mais simples e mais transformadoras que eu conheço:

1. Como eu me sinto agora? Quais são minhas sensações físicas e emocionais?

2. A que eu aspiro nessa situação?

3. O que eu posso pedir para mim (ou para alguém) para caminhar no sentido de minhas aspirações prioritárias?

4. Como eu me sinto, depois dessa escuta de mim mesmo?

Boas novas!

→ Não é necessário ter uma qualidade em particular para começar essa escuta de si, porque o fato de se engajar nisso desenvolve pouco a pouco nossa consciência.

→ É fascinante descobrir como a sensação de nosso corpo muda quando, como um explorador confiante e curioso, nós nos acolhemos, sem nos colocar sob pressão;

→ Quando adquirimos benevolência conosco, podemos realmente nos tornar presentes para o outro, pois experimentamos intimamente essa bondade atenta.

→ Se somos invadidos por pensamentos sombrios ou julgamentos, de si ou do outro, nós podemos, graças à autoempatia, traduzi-los em necessidades: isso nos enternece e fortifica, o que em seguida nos permite encontrar, pouco a pouco, nossa energia de ação!

2. Transforme uma de suas ideias sombrias em potencial de ação.

Minha ideia sombria:

....

....

Minhas sensações fisiológicas:

....

....

Minhas sensações emocionais:

....

....

Minhas necessidades insatisfeitas, dissimuladas pela ideia sombria:

....

....

Campo de ações possíveis:

um passo em vista da satisfação de uma de minhas necessidades .....

....

....

Minha compreensão mais aberta da situação:

....

....

O que fazemos não é mais, talvez, do que uma simples gota de água, mas se ela não existisse, faria falta ao oceano.

Madre Teresa

Exemplos

Ideia sombria: se continuarmos a acolher tantos imigrantes em nosso país, não haverá mais trabalho que baste para nós e, além disso, será um desafio conseguir integrar tantas pessoas tão diferentes culturalmente...

Sensações físicas e emocionais: frio na barriga, tensões no corpo, incerteza quanto ao futuro, frustração, impotência...

Necessidades: estabilidade, compreensão, segurança no emprego, coerência entre a realidade social e as decisões tomadas, bom senso, sucesso...

A partir da consciência de nossas necessidades, um campo de ações possíveis se abre para nós. Por exemplo:

➡ Para a **necessidade de compreensão**: afirmar-se nas redes sociais, criar grupos de interação.

➡ Para a **necessidade de segurança no emprego**: fazer demandas concretas aos dirigentes.

➡ Para a **necessidade de sucesso**: contribuir para a integração dos imigrantes no país...

Quando nossa autoempatia está completa, uma compreensão nos vem, tanto com relação aos limites de nossa capacidade de tolerância quanto no que concerne a situações tidas como inadmissíveis. Aqui está um exemplo de como poderia se mostrar essa compreensão do outro:

Se eu fosse um imigrante, eu gostaria de ser acolhido por um país em paz. E, se eu fosse um político, que embaraço essa afluência de estrangeiros!

Quando deixamos estagnar em nós emoções desagradáveis sem procurar sua origem real e/ou os meios de transformá-las, impactamos negativamente nossa saúde global e nossas relações.

O aumento generalizado do consumo de antidepressivos, ansiolíticos e soníferos mostra a que ponto somos invadidos por **vivências desagradáveis** (medo, impotência, frustração, desespero...) que nos esforçamos para atenuar por meio de expedientes artificiais. E, se anestesiamos nossas sensações, nossas aspirações profundas (alegria de viver, confiança, relaxamento, paz... ficam insatisfeitas, na realidade, porque nós não aprendemos encontrá-las de maneira ecológica para nós.

3. Exercício de tradução de um julgamento sobre o outro ou sobre si em sentimentos e necessidades, a fim de se conectar com sua força de ação.

Pense em uma situação pessoal dolorosa:

....

....

Formule um julgamento sobre alguém:

....

....

Diga-o interiormente, esteja presente para si mesmo, escaneie cada parte de seu corpo, acolha suas tensões, dores, contradições, apertos etc., depois escute seus sentimentos, em seguida escreva:

Sensações fisiológicas:

Eu me sinto...

....

Sensações emocionais:

Eu me sinto ....

....

....

Necessidades insatisfeitas, dissimuladas sob o julgamento:

Porque eu gostaria, desejaria ....

....

....

Campo de ações possíveis, ou pequeno passo em vista de satisfazer uma de suas necessidades:

....

....

Compreensão:

....

....

Exemplo com um julgamento sobre o outro

Julgamento: mais uma vez, eu não posso confiar na palavra de meus colegas!

Sensações: peso, exasperação...

Necessidades insatisfeitas: confiar, realizar da melhor maneira minhas tarefas, ter segurança quanto a um resultado otimizado etc.

Campo de ações possíveis:

- dedicar-me a discernir melhor quem cumpre com a palavra e quem não o faz;
- listar por escrito as tarefas a realizar, para quem e para quando;
- explorar o que é possível em termos de mudança de emprego ou de serviço;
- cultivar o desapego se a situação é inalterável.

Compreensão:

Essas pessoas talvez tenham boa-fé quando se engajam, mas, em seguida, sobrecarregadas pelo tamanho da tarefa, pode ser que esqueçam de cumprir suas promessas.

Quando **conscientizamos** e **acolhemos** todas as necessidades prioritárias, sentimos um alívio que anuncia o momento de explorar qual demanda ou ação poderia satisfazê-las.

Sempre temos **dois eixos de demanda** – para si e/ou para o outro –, mas quanto mais avançamos na compreensão da CNV®, mais percebemos que a primeira demanda a emergir se dirige a nós mesmos: trata-se de aprender a discernir qual delas terá mais chances de ser aceitável para o outro! Aliás, fazer demandas para si mesmo torna-nos **mais livres e mestres de nossas vidas**, mesmo que, às vezes, as escolhas que fazemos depois de ter escutado todas as nossas facetas não sejam 100% confortáveis (no exemplo, a mudança de emprego pode evidentemente ser vivida como um risco). Cabe a nós, então, **escutar atentamente todas as partes de nós, todas as nossas necessidades** e, para isso, escanear nosso corpo e dar tempo ao tempo é **A via** para chegar a uma percepção refinada daquilo que mais nos importa!

A transformação de um julgamento na aspiração que ele   **19**
contém nos **tira de nossos circuitos**, às vezes muito auto-matizados e inconscientes, de frustração, desconfiança, desânimo, isolamento, aflição...

4. Escutar as diversas partes de si

Inumeráveis tradições filosóficas e espirituais afirmam qu
chegamos nessa Terra com um potencial inalterável, nomead
por elas nossa verdadeira natureza ou Si-mesmo, a Fonte. Ess
Si é apreendido como um espaço, um lugar de consciênci
sereno e benevolente a partir do qual podemos observar c
acontecimentos da vida assim como o que nos habita.

Infelizmente, no curso das provações da vida, acontece qu
o acesso a nosso Si, à nossa Fonte, seja limitado por nossc
condicionamentos, educação, mecanismos de proteção, crença
errôneas... Para concretizar essa dificuldade, muitos analista
experimentados na exploração da psique humana, dentre c
quais C.G. Jung, elaboraram e desenvolveram a noção de persc
nagens (ou partes, aspectos, subpersonalidades...) que nos hab
tam e são dotadas de suas próprias impulsões e pensamento
de suas próprias vivências. Esses personagens podem interv
em nossas vidas e complexificá-las, sobretudo escondeno
nossa pura consciência, nosso Si.

Jung afirmava que "o maior perigo é se identificar co
esses personagens interiores". Por sua vez, Marshall Rosenbei
utilizou para fins didáticos, e também para trazer leveza

seus ensinamentos, uma metáfora que se refere a essa Fonte inalterável que reside em cada ser humano: ele escolheu a "*girafa*", cujo pescoço longo ilustra a capacidade de ter visão ampla, distanciamento das situações – o que é fonte de paz e ponderação –, e cujo coração grande simboliza a compaixão, compaixão por cada ser humano, inclusive nós mesmos, que a CNV® nos ajuda a desenvolver.*

Somos, assim, compostos de uma essência (palavra empregada como sinônimo de Si, Fonte, verdadeira natureza, girafa interior, Self) tão pura quanto um diamante, e de partes, ou personagens. E, idealmente nossa essência, nossa "girafa interior" deveria agir como um maestro benevolente, estabelecendo harmonia entre todos os

---

* Para completar o quadro das metáforas utilizadas por Marshall Rosenberg, acrescentemos a noção de "chacal", considerada pela CNV® como o símbolo de atitudes tipicamente humanas que são adotadas sobretudo no mundo do mental, quando se está afastado dos próprios sentimentos, emoções, aspirações e às vezes até das capacidades de ação. Nesse mundo, tem-se a tendência de considerar as coisas de maneira binária (bem/mal, verdadeiro/falso...), a julgar ou a avaliar quem errou, quem tem razão, ou ainda o que "deveria ser feito" ou não. Por conta desses pensamentos estáticos e binários, do temperamento crítico que eles estimulam, o chacal vive com muitos medos e tensões, o que o leva ou a explodir (= uivar!), ou a implodir (= se refugiar em sua toca...). Na CNV®, a boa-nova é que se considera que o chacal é uma girafa que se ignora, simplesmente porque ele está afastado de seus sentimentos e necessidades!

seus "músicos", a fim de que cada um deles possa criar nossa única sinfonia.

Aqui estão os atributos, as qualidades de nosso Si ou "girafa interior":

calma, compaixão, compreensão, conexão, colaboração, clareza, confiança, centramento, fluidez, solidez, curiosidade, criatividade, perspectiva, desinteresse,

A propósito do desinteresse: quando estamos estabelecidos de modo firme no espaço das qualidades mencionadas acima, vivemos com uma presença tal para o instante e com uma confiança tão grande que não nos apegamos a um resultado. Sabe-se que uma certa maneira de ser contribui para se atingir o máximo de fluidez, de pacificação e de resolução dos acontecimentos, se necessário.

Nessa consciência, a Fonte é, ela corre e não tem outro lugar para ir. A intenção primeira da CNV® é nos dar os meios de nos (re)conectar com nossa Fonte, nossa girafa interior, e desenvolver seus atributos.

Nossa felicidade reside na ativação máxima de nossa Fonte interior!

Seja sob o ponto de vista da CNV®, do Sistema familiar interior (IFS, de Richard Schwartz) ou dos Múltiplos Aspectos Interiores (MAI, d'Isabelle Padovani), somos todos dotados de uma girafa interior, de um Self, de um Si, de uma Fonte, que represente um lugar de cura (esses termos falam todos do mesmo espaço de consciência, espaço que procuramos desenvolver neste caderno). Existe em cada ser humano um fundo de sabedoria universal imutavelmente sereno, mesmo se aspectos próprios a cada um e habitados de sensações e emoções emergem na superfície. Esses aspectos são comparáveis com as ondas do mar, movidas por ele, enquanto o fundo da água permanece calmo.

Mas como criar um Si em si?

Meu encontro com o IFS (Sistema Familiar Interior), e
2007, me ofereceu duas tomadas de consciência:

➡ Eu percebi que era uma mulher plural, um ser múltipl
e isso me fez compreender por que eu tinha dificuldade e
tomar decisões e me esgotava em tensionamentos interiores
➡ Eu entendi que, se eu queria fazer escolhas das quais nã
me arrependeria depois, era necessário escutar cada uma da
minhas partes, e não apenas a que se expressava mais forte
mente. Eu teria então a segurança de ter escutado todos
aspectos de "mim" antes de optar por uma escolha important
Desde então, eu identifico e aprecio minhas diversas parte
até que uma decisão emerja.

> **Uma decisão não é tomada, mas descoberta!!**
> Éric Baret

Quando, pela primeira vez, eu decidi escuto
plenamente as partes que brigavam dentro a
mim, eu já pensava há três anos em deixar me
companheiro, sem nunca conseguir! E isso nã
fazia bem a ninguém: nem a ele e nem a mim. Então, eu acol
com profundidade a parte que estava ligada a essa relação
ao casal; depois, a que queria ser fiel a seus engajamentos

a que se acomodava mal com uma união, murchando em meio a muitos não ditos. Eu ouvi com vagar a parte que aspirava a uma partilha de valores comuns (diálogo profundo, exploração das sombras da relação etc.). E eu amansei àquela que tinha medo da solidão. Isso me tomou tempo. Mas, quando minha decisão emergiu, eu a segui e nunca me arrependi, porque ela tinha sido tomada a partir do acolhimento completo de todas as partes de "mim". No trabalho de desembaraçar nossas partes, o que conta é aprender a olhar o que se vive em si sem se identificar com isso: se conseguimos desenvolver em nós mesmos apenas 3% de girafa interior, olhando nossas partes com benevolência, esse pequeno remanso nos permite começar um processo de cura de "si" por "Si".

Quando eu me escuto, eu me ajudo colocando no chão miniaturas, ou pedaços de papel, com uma frase ou um nome representando cada uma delas (o perfeccionismo, a medrosa, a fusional, a secreta, a santa...). Trata-se de aprender a ver e a amar nossas partes, isto é, a nos "descolar" delas a fim de que elas não possam dirigir nossa vida! É muito diferente quando é nosso Si que dirige nossa vida, e não uma ou outra de nossas partes.

Olhar nossas partes com recuo e ternura nos cura. Mas, se podemos representar visualmente nossas partes, o mesmo não acontece com o Si, pois ele é invisível, o que nos leva frequentemente a tomar uma ou outra de nossas partes pela totalidade do que somos, a ponto de nos tornarmos inconscientes de nosso Si! E nossa vida se complica quando esquecemos que uma parte de nós é apenas uma parte, e não nossa natureza profunda.

Richard Schwartz

Nessa escuta aprofundada de Si, descobrimos esse presente insubstituível que é a capacidade de amar a nós mesmos. Dito isso, se algumas partes de nós são fáceis de descobrir e se abrem com simplicidade, há outras que são mais difíceis de flagrar, que estão feridas, que têm medo, que podem mesmo se estimar inadequadas ou malsãs. Com essas últimas, é necessário ter paciência!

Quando nossas partes feridas se sentem compreendidas e respeitadas, elas podem pouco a pouco se curar do sofrimento. Isso torna nossa energia disponível para uma qualidade de vida melhor.

Se tomamos consciência do esforço de todas as nossas partes, que querem contribuir para o nosso bem-estar, isso diminui suas tensões, pois elas não se sentem mais consideradas como freios. Ao contrário, o recalcamento de algumas delas consome energia. Isso acontece por diversas razões, por exemplo porque uma parte de nós estima que uma outra lhe estraga a vida, ou porque, em nossa família interior, como em uma verdadeira família, dá-se mais valor e atenção a algumas partes, deixando outras de lado.

Exemplo:
se um menino foi educado para se mostrar forte, ele vai dedicar boa parte de seu tempo a forjar sua forma física, e/ou seu temperamento, em detrimento de sua vulnerabilidade, que vai enterrar no fundo de si.

Felizmente, pode-se aprender pouco a pouco a acolher todas as nossas partes, inclusive a parte que não consegue acolher outra parte de nós!

Pequeno aquecimento para desembaralhar suas partes e identificar seus sentimentos e necessidades. Imaginemos que já está tarde quando você começa a ler este caderno e, de repente, um exercício é proposto a você.

➡ Uma parte de você pode se sentir curiosa e ter vontade de explorar concretamente.

➡ Uma parte pode se sentir cansada e aspirar ao repouso.

➡ Uma parte pode estar impaciente quanto a você cuidar de sua evolução.

➡ Uma parte pode estar irritada com a ideia de ter mais um dever e desejar, sobretudo, leveza e prazer, em vez de quebrar a cabeça.

Veja como proceder:
Tome nota dos aspectos concretos de seu contexto (a hora, seu nível de energia, o tempo de que dispõe etc.):

....

....

....

Complete estas frases:

Uma parte de mim se sente ....

Porque ela aspira a ....

Uma parte de mim se sente ....

Porque ela aspira a ....

Uma parte de mim se sente ....

Porque ela aspira a ....

Dê a si mesma tempo de acolher, sem expectativas nem julgamentos, cada uma de suas partes, o que elas vivem e a que aspiram. (Se necessário, posicione-as diante de você.)

> **Tome nota de como você se sente depois de ter acolhido suas partes dessa maneira:**
>
> ....
>
> ....
>
> ....

Como fazer, concretamente, para que nosso coração aprenda a comportar tudo o que somos?

(Repare: se esse exercício parece difícil de ser realizado, você pode se familiarizar com suas bases lendo meus quatro cadernos sobre a CNV®.)

➡ Decida se dar tempo para uma verdadeira escuta de si, quando está em uma situação difícil.

➡ Escute a primeira parte que emerge, ligue-se com compaixão à sua vivência e busque suas necessidades até sentir uma diminuição do desconforto do momento. Quando as necessidades de uma parte são encontradas e acolhidas, ela se acalma.

Se isso não acontece, ou há outras necessidades mais profundas por trás daquelas já encontradas, ou o acolhimento dessa parte se fez a partir de seu mental.

É essencial se deixar tocar no coração por essa parte. Quanto mais ela é reconhecida em sua intenção positiva, mais se acalma e se abre à revisão de seu comportamento, se necessário.

"A clarificação de suas partes é mais fácil quando você a faz se exprimir em voz alta! Então, se for possível, fal alto, em nome de cada parte

Isabelle Padovar

Dedique também um momento que seja suficiente para escuta cada uma delas, evitando passar de uma a outra. Disto isso, s pensamentos ou emoções em excesso atacam você, tome not deles, isso ajudará você a dedicar sua atenção plena à part ouvida.

➡ Veja se essa parte se sente ouvida e o que ela ressente a ser ouvida. Para criar um laço com ela e conhecê-la, pod ajudar pedir que ela conte sobre si, que diga sua idad etc. Veja o que você (= sua porcentagem de "girafa inte rior") sente por ela.

Atenção!

Se você experimentar uma vivência detestável, não é o seu Si que está comandando, mas outra parte de você que tomou o controle! Com efeito, como a girafa interior não tem expectativas, ela não tem vivências desagradáveis. Quando você identificar uma vivência desagradável, nomeie simplesmente a parte e descole-a delicadamente de seu Si. Pouco a pouco, você se habituará a dizer "há uma parte de mim que está com raiva", e você medirá o enorme benefício que isso engendra com relação a "eu estou com raiva!"; ou "há uma parte de mim que está estressada" no lugar de "eu estou estressado".

Enquanto você está invadido por uma parte, você não tem nenhum poder sobre seu estado interior. Mas, se você conseguir se distanciar, um espaço centrado e calmo se criará dentro de você. Você pode então, pouco a pouco, aumentar esse espaço onde você se torna presente ao que se produz em você. É o objetivo desses exercícios..

Repare: frequentemente, nossas partes vulneráveis são protegidas por guardiões, espécies de escudos, muito merecedores por se esforçarem para evitar o sofrimento. Eles devem também ser reconhecidos e respeitados, pois é cansativo sinalizar tudo permanentemente!

Segundo Richard Schwartz, ao longo de nossa vida, construímos em nós algo como uma família cujos membros são nossas partes. O equilíbrio entre elas é delicado e, por isso, em todo ajuste, é bom considerar o conjunto de nossas partes com doçura!

Paul Watzlawick utilizou a metáfora dos dois marinheiros sentados, cada um de um lado do barco. Se um deles decide se mexer, sem combinar com o outro, ele se arrisca a fazer a embarcação virar. Então, é bom ter um capitão que coordene esse tipo de operação. Esse capitão é nossa "girafa interior" que tem às vezes muito a fazer, porque nosso mental no coloca sob pressão, buscando um resultado. Enquanto o Si nada espera, nem mesmo melhorar seu próprio bem-estar!

Exercício:
Escolher uma situação em que você está dividido em duas partes:

A. Uma parte organizada, que gosta dos planos, da estrutura.
B. Uma parte boêmia, que gosta do imprevisto.

Tome nota das necessidades, dos valores de sua parte organizada.

. . . .

. . . .

Tome nota das necessidades, dos valores de sua parte boêmia.

. . . .

. . . .

Resposta possível:
Parte A: segurança, visão, uso otimizado do tempo, precisão do timing, clareza, responsabilidade...
Parte B: relaxamento, contar em suas habilidades, criatividade, escuta de sua inspiração momentânea...

Identificação de suas partes e apreciação de suas necessidades quando a escolha é difícil

➡ Tome nota de uma escolha que é difícil para você.

➡ Busque uma primeira parte. Escute-a com benevolência, explore sua aspiração a contribuir para o seu bem-estar. Aprecie e respeite essa parte por sua tentativa de contribuir, mesmo se sua maneira de proceder causa problemas.

➡ Faça o mesmo com as outras partes identificadas em você. Essa simples organização, seguida de apreciação positiva, traz pouco a pouco relaxamento, centramento, verticalidade.

➡ Depois que cada parte foi ouvida, pergunte-as se saben que as outras existem, se têm consciência das necessidade: valores e esforços das outras. Se não, apresente suas parte umas às outras, como se apresentasse seus amigos, faça-a se comunicarem, verifique se elas compreenderam e pass por todas as partes implicadas. A partir do momento er que nossas partes em conflito compreendem e refleter sobre as necessidades respectivas de cada uma dela uma serenidade emerge e uma solução é encontrada ma, facilmente. Quando você conseguir que todas as partes s sintam confortáveis, estabelecendo também uma compreer são mútua e sincera entre elas, isso sela a pacificação e reconciliação. É essencial escutar suas partes com o cor ção, tendo consciência de que cada uma delas zela por su necessidades específicas.

➡ Busque uma estratégia comum a serviço de suas parte Aqui, trata-se de encontrar um consenso (solução criati e alegre para cada parte) e não um compromisso (quanc algumas partes se sacrificam)!

➡ Celebre a beleza do que você realizou.

34

O que nos faz sofrer é nossa incapacidade de nos conectar com nosso Si e de respeitar nossas necessidades prioritárias.

Dicas para ajudar nesse trabalho

É um trabalho progressivo em que o tempo é seu aliado!

→ Comece dando atenção à parte que grita mais. Se você negligenciou uma parte de si durante muito tempo, ela desejará compensar a atenção que lhe faltou. Passe um tempo escutando-a, sem esperar resultados!

→ Mesmo que a maneira como uma parte se comporta pareça penosa para você, todas as partes querem o seu bem!

→ Você pode estar dividida entre as necessidades de suas diferentes partes. É necessário paciência para sentir o que é mais justo para si no momento, sem ceder aos medos, hábitos, ideias fixas, desejos e soluções rápidas.

→ Tensões ocorrem quando uma de suas partes toma o poder ou até mesmo tenta se fazer passar pelo Si! Mas o Si está tranquilo! Então, se você sente uma vivência desagradável, é a expressão de uma das partes.

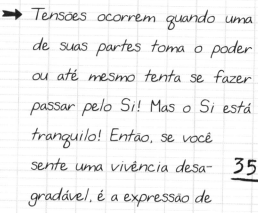

→ Toda sensação, emoção desagradável ou pensamento repetitivo é expressão das partes.

→ Se pensamentos falam de maneira similar, eles podem ser a expressão de uma mesma parte. Para esclarecer isso, baseie-se em suas sensações, imagens e vozes interiores.

→ Quando você "descolar" de uma de suas partes, observe cuidadosamente como as outras reagem!

→ Acontece frequentemente que algumas partes estejam bloqueadas no passado, sem realizar que você evoluiu. Por exemplo, se uma parte tem medo de críticas, talvez ela não esteja consciente das qualidades que você desenvolveu ao longo de sua vida.

5. Descobrir por completo suas necessidades

Várias necessidades humanas têm naturalmente tendência ao egotismo, isto é, são orientadas para si, sem atribuir a isso nenhuma conotação negativa.

Algumas de nossas necessidades são mais **egoicas**, na medida em que são a expressão da expectativa de algo vindo da parte do outro (consideração, compreensão, reconhecimento, ajuda...), outras são mais **básicas** (comer, respirar, dormir...) e outras, enfim, representam **qualidades da consciência** (contribuir para a vida, evoluir na consciência, criar beleza). São essas últimas que nos interessam aqui. Elas representam qualidades da consciência, **falando de um serviço prestado ao que vive, de um valor nobre, de uma aspiração elevada.**

Não há nenhum problema com nossos diversos níveis de necessidade, salvo quando, por falta de conhecimento profundo de nós mesmos, confundimos nossas necessidades egoicas com nossas aspirações profundas. Isso nos afasta de nossos sonhos, apesar de esperarmos nos aproximar deles! Daí a importância de desenvolver clareza quanto às qualidades da consciência, qualidades que subjazem a nossas necessidades carentes ou egoicas.

Aqui estão as características de nossas necessidades enquanto qualidades da consciência:

1. Elas nos fazem borbulhar, dão-nos impulsão, falam de nossos sonhos, de nossas aspirações.
2. Essas necessidades são como motores, e motivam, pois são inspiradoras, saborosas — para si e seu entorno —, o que aumenta bastante nossas chances de sermos ouvidos... Por exemplo, "eu preciso criar beleza".

3. Elas só implicam a nós mesmos e o outro não está na imagem nem implicitamente. Por exemplo "eu preciso dar o melhor de mim e o melhor jeito de conseguir isso é tendo calma" é muito diferente de "eu preciso de silêncio!" subentendido "de sua parte!".

Todas as nossas necessidades têm plena legitimidade e devem ser acolhidas com benevolência e consideração. Mas, quanto mais aprendemos a nos conectar com qualidades da consciência e dizer nossas aspirações profundas, mais nossas palavras ganham uma intensidade e uma beleza que inspiram as pessoas à nossa volta. Exemplo, "**eu desejo realizar meu trabalho da melhor forma!**" Enquanto as necessidades carentes podem ser tomadas como crítica veladas. Exemplo, "**eu preciso de consideração**" pode ser interpretado como "**você não me considera!**".

As necessidades "qualidade da consciência" habitam em todos e todas, mas são com frequência dissimuladas sob as necessidades mais egoicas.

Exercício:

Pense em uma situação em que você vive uma carência ou frustração

1. Fatos concretos:

. . . .

2. Seus pensamentos:

. . . .

3. Suas sensações:

. . . .

4. Seus sentimentos:

. . . .

5. Suas necessidades:

. . . .

Exemplos
Fato concreto: meu marido passou o dia vendo um jogo de futebol!
Pensamento: ele não liga para nossa vida de casal!
Sensações e sentimentos: peso, tristeza, rancor…
Necessidades: atenção, calor humano, proximidade…

A partir dessas necessidades identificadas, quaisquer que sejam, pergunte-se:

6. Quando essa necessidade é satisfeita, o que isso satisfaz para mim? O que acontece para mim?
Pergunte-se isso várias vezes e tome nota de cada resposta.

....

....

....

De resposta em resposta, algo vai se aprofundar, até permitir a você se conectar com uma necessidade profunda, inspiradora (que pode, ocasionalmente, se tornar uma frase). Nesse momento, se você decidir se exprimir, será sob a forma de uma impulsão tal que os outros terão vontade de ajudar você a satisfazer essa necessidade.

Veja aqui em que pode resultar a etapa 6 do exemplo precedente:

➡ **Necessidades subjacentes**: partilha, intimidade, relaxamento, segurança para o casal...

➡ **Qualidades da consciência**: florescimento de si e da relação, plenitude do sentido de sua escolha de vida, dom do máximo que podemos dar...

Quando encontramos um nível de necessidades que são qualidades da consciência, sentimos isso fisiologicamente, sob a forma de um saboroso **haha** interior.

Então estamos prontos para a última etapa:

Imagine uma demanda a ser feita para você ou para o outro. Se ela se dirige ao outro, essa demanda será feita a partir de um lugar interior pleno de Si em vez de uma energia de reclamação! Ela emergirá de uma aspiração profunda e não de uma crítica ou reivindicação.

Poderíamos comparar sua energia a de um Papai Noel colocando presentes na árvore!

O lado árduo dessa pesquisa está à altura do que ela forja em nós: nosso Si, nossa essência espiritual. Isso nos libera, pois aprendemos a tomar distância com relação a nossas ideias fixas, necessidades e tendências egoicas e a nossas crenças de que o outro "deveria" adivinhar nossas aspirações e satisfazê-las!

Por meio desse trabalho de consciência, nós deixamos nossa pele de vítima para assumir o florescimento de nosso Si ou "*girafa interior*".

E, para retornar à sociabilidade de modo concreto, o que conta, sobretudo, é o que é vivido em nós: pensamos que o outro está errado ou que deveria nos dar isso ou aquilo? Ou nos conectamos com nossa aspiração do instante, sem incriminar, mesmo em nossa cabeça, uma pessoa em particular?

Acrescentemos que, como, de um ponto de vista realista, nem toda necessidade pode ser satisfeita a todo momento, é bom desenvolver em si um lugar onde temos a capacidade de nos sentir como se nossa aspiração interior estivesse satisfeita. Isso nos leva a praticar a vivência das qualidades da consciência.

6. Praticar a vivência das qualidades da consciência

➡ Lembre-se de um momento de sua vida em que uma necessidade carente foi satisfeita. Pense nesse momento e nessa necessidade.

➡ Faça para si uma imagem precisa do que essa necessidade representa para você.

➡ Mergulhe na lembrança, se perguntando: "Qual é a experiência em meu corpo quando essa necessidade é satisfeita? Qual é a minha sensação emocional"?

➡ Sinta seus sentimentos e sensações como se essa necessidade estivesse satisfeita agora.

No início dessa prática, pode ser que a descrição da vivência seja mais forte do que as sensações dela, mas o essencial é deixar despontar pouco a pouco em si a sensação da qualidade. Dada a neuroplasticidade do cérebro, é possível, graças a esse exercício, criar em nós novos circuitos neuronais de alegria e bem-estar, via o florescimento da qualidade escolhida.

Fique atento para evitar introduzir pensamentos de nostalgia com relação ao momento passado em que essa necessidade foi satisfeita! Ajuda se você escrever em um papel "**eu sinto falta de...**" (A) e em outro papel a "**qualidade desejada**" (B);

Em seguida, coloque os papéis no chão, se coloque diante de A, sinta brevemente a saudade, e em seguida se coloque diante de B e entre, pelo tempo mais longo possível, na sensação da qualidade descrita, como se ela invadisse você.

Colocar sua sensação no papel induz uma energia!

Por meio desse exercício, você remodela suas passarelas neuronais, e é você que escolhe como se sente!

Exemplo:

A: eu sinto falta de calor humano e intimidade.

B: eu sinto intimidade e calor.

7. Acolhimento de um "erro" cujo luto não conseguimos fazer

A palavra "**erro**" não é um termo ensinado pela CNV®, porque preferimos ver em cada ato, mesmo "**errado**", a expressão desajeitada de sensações e necessidades que tentamos satisfazer, sendo também uma maravilhosa ocasião de aprender!

Contudo, pense em um de seus erros com o qual você não está em paz.

Exemplo: eu gritei com meu filho, dizendo que ele não prestava para nada e, desde então, ele não fala mais comigo!

Procure suas sensações e necessidades insatisfeitas que se seguiram a essa ação. Acolha-as com compaixão.

....

....

(O pai poderia dizer a si mesmo: Eu me sinto triste porque minha necessidade de conexão, de serenidade e de controle de si está insatisfeita.)

....

....

Procure, pensando sobre a ação, as necessidades que você tentava satisfazer por meio dela e as sensações ligadas a ela. Acolha-as com compaixão.

(O pai: Eu tentava fazer meu papel de pai, colocar limites, fazê-lo reagir, na realidade, transmitir-lhe valores… E eu me sinto emocionado quando percebo que eu tinha essas necessidades.)

....

....

Pesquise se as necessidades que você tentava contentar são satisfeitas em outras ocasiões e de que maneira. Tome nota aqui.

....

....

(O pai: Quando eu me expresso depois de ter tomado um tempo de esclarecimento para mim mesmo, eu fico mais tranquilo.)

....

....

Se você não achar nada, imagine uma estratégia que poderia ajudá-lo a satisfazê-las e seja criativo.

....

....

(O pai: Eu poderia preparar algumas interações por escrito ou pedir à minha mulher que exploremos a dois como me expressar de maneira mais construtiva.)

....

....

8. Se liberar de uma dependência

Origens e explicações:

Após um ou vários incidentes traumáticos de nossa infância, nós podemos, ligados à não satisfação de nossas necessidades essenciais, experimentar uma aflição tal que nos leva a ficar feridos e incapazes de gerir, posteriormente, certas situações e/ou metabolizar suas consequências. Isso impacta então uma parte de nossa psique, que chega a ficar estagnada na época dos traumas, enquanto tentávamos de um jeito ou de outro satisfazer nossas necessidades. A partir daí, estruturas psicológicas visando a nos proteger de feridas ulteriores se formam em nós. Mais tarde, quando nós vivemos situações similares, no curso das quais a satisfação de algumas de nossas necessidades não acontece, ou mesmo, quando certos pensamentos ou medos nos vêm, disparam em nós mecanismos destinados a proteger nossas partes vulneráveis e a nos permitir continuar funcionando no mundo.

Observou-se com frequência que dependências se instalam em nós a partir de uma carência, de uma necessidade não satisfeita – em uma idade precoce – de ser aceito tal como se é ou reconhecido pelo próprio valor. Isso engendra uma dor profunda, que se alia frequentemente à vergonha. Em geral, a insatisfação da necessidade em questão nos impregna de maneira duradoura e temos então a experiência de um tormento não resolvido que se chama necessidade congelada. Além disso, acrescentemos que a tendência às dependências é mais elevada em crianças que sofrem abusos sejam eles físicos, emocionais ou espirituais. Constata-se, no mais, danos nos tecidos e neurônios do cérebro, assim como carências em certos neurotransmissores, dentre os quais os que trazem prazer, motivação, otimismo (serotonina, dopamina, opiáceos). Assim, logicamente, esses indivíduos procuram meios de satisfazer suas necessidades carentes, seja pela alimentação, pelo álcool, a droga, o tabaco, o açúcar, o esporte excessivo, o isolamento, a dependência afetiva...

Todas essas estratégias tentam preencher um vazio existencial, ainda mais presente se nos faltou amor, calor, presença atenta. Elas tentam evitar tormentos, ligados seja a necessidades congeladas, seja a necessidade

cronicamente insatisfeitas, mas é necessário dar-se conta de que, nas situações do momento presente - que visam sobretudo a satisfazer nossas necessidades momentâneas -, é difícil preencher uma de nossas necessidades congeladas ou dissipar um antigo sofrimento associado a essa necessidade. Infelizmente, em geral, uma dependência diminui a consciência de nossas necessidades insatisfeitas e aumenta, frequentemente, nossa falta de autoestima, o que perpetua um círculo vicioso. Além do mais, se uma certa dose não satisfaz nossas necessidades, nós teremos tendência a aumentá-la. Uma outra realidade é que, frequentemente, uma única dependência satisfaz muitas necessidades: por exemplo, o álcool pode, a curto prazo, nos relaxar, nos tornar mais sociáveis, adormecer nossa falta de autoestima, diminuir a vergonha... Inclusive nossa vergonha da dependência.

Dito isso, está claro que um alívio rápido por via de uma dependência piora, na maioria dos casos, a situação a longo prazo. Mas esta é infelizmente a única estratégia que conhecemos para satisfazer várias necessidades!

Para iniciar a resolução de um trauma, é necessário acessar o cérebro límbico, a fim de criar ali novos circuitos neuronais. Isso se faz com a ajuda de terapias e terapeutas formados para tal. E nós podemos igualmente instaurar em nós uma nova memória cerebral, graças à autoempatia, à autocompaixão e à prática da vivência das qualidades da consciência.

O essencial consiste em nos levar a experimentar em nosso corpo a energia viva de necessidades que permaneceram insatisfeitas durante nossa infância. Quando nosso cérebro registra como é sentir a experiência de ter algumas necessidades satisfeitas, o que ele não havia experimentado até então, estabelecem-se nele novas vias neuronais que vão pouco a pouco levar uma dependência a nos deixar. Paralelamente a esse tipo de trabalho, é capital instaurar em nossa vida uma disciplina constituída principalmente pelo **aprendizado da satisfação das necessidades implicadas, por meios diferentes da dependência**

Exercício para iniciar a distanciação de uma dependência ou para se libertar dela:

1. Entre em contato com a energia da dependência. Imagine-se lutando contra ela e se pergunte: Como eu sinto o que se vive em meu corpo, logo antes de mergulhar em minha estratégia habitual? De onde me vem essa urgência de satisfazer alguma coisa? Autorize-se a entrar em contato com a energia e a urgência de sua dependência. Não é uma questão de pensamento, mas de sensações.

2. Trace duas colunas em um papel: uma para as necessidades satisfeitas pela dependência, outra para as necessidades não satisfeitas por ela.
Tome nota das necessidades identificadas. As colunas estarão completas quando você sentir algo como um "**sim**" interior.

3. Procure as necessidades profundas dissimuladas por detrás de suas necessidades insatisfeitas...

Veja como pode se apresentar uma dependência de álcool:

Necessidades satisfeitas: calor, festa, descontração, leveza, laço social, conforto etc.
Necessidades insatisfeitas: clareza de espírito, liberdade de escolha, segurança, saúde, laço social...
Necessidades profundas procurada a partir de necessidades insatisfeitas pela dependência:
Tendo-se, por exemplo, liberdade de escolha, isso satisfaz a necessidade de autoestima. Se a autoestima está presente, isso satisfaz a necessidade de relaxamento, de orgulho, de integração social, o que dinamiza o impulso vital — somos felizes por existir!

4. Dê-se tempo para sentir suas vivências relacionadas às necessidades de cada uma das colunas. Essa etapa é capital, e só será útil se você realizá-la sem se julgar. Experimente plenamente sua alegria, quando está relaxado e festeja, assim como sua inquietação a respeito de sua clareza de espírito, sua decepção por não ter liberdade de escolha etc.

Lembre-se que:

➡ Você é um ser humano que faz o melhor que pode, com suas forças, suas fraquezas, sua educação, seus condicionamentos...

➡ A compreensão de si não tem nada a ver com ser condescendente com seus comportamentos.

5. Celebre de coração a beleza das necessidades de cada uma das colunas: em si, uma necessidade, tem beleza: ela representa a Vida! O problema não reside na necessidade, mas na maneira como tentamos satisfazê-la. Aqui, o que conta é celebrar a beleza de nossas intenções.

6. Observe em sua vida se há lugares e ações com os quais as necessidades costumeiramente satisfeitas por sua dependência são igualmente saciadas, mas de outra maneira, menos custosa (evite trocar o álcool pelo tabaco!).

Explore como você poderia multiplicar esses lugares.

7. Se você não encontrar nenhum, imagine estratégias que podem satisfazer suas necessidades.

Não se deixa uma dependência ou uma obsessão, é ela que nos larga, pouco a pouco, quando conhecemos as necessidades que ela busca satisfazer e que então tentamos saciar de outra maneira.

Noções-chave

➡ O paradoxo é que, se conseguirmos não considerar a interrupção do comportamento como sinônimo de sucesso (logo, a continuação dele como um fracasso), em outras palavras, se nos pouparmos da pressão com relação ao resultado, isso será de grande ajuda.

➡ É essencial estabelecer, ao longo de várias semanas, novas estratégias que satisfaçam nossas necessidades habitualmente apaziguadas pela dependência.

➡ Quando as pessoas de nosso convívio não têm, se possível, expectativas quanto ao resultado e não nos julgam, nosso trabalho de fundo se torna mais fácil, sobretudo se nosso comportamento causa impacto.

➡ Quando um bom número de novas estratégias estão instaladas e bastantes feedbacks estimulantes foram integrados, nossa dependência se torna menos atraente ou então desejamos nos engajar em um programa de desintoxicação.

➡ Se, antes de mergulharmos em uma dependência, nós conseguimos nos ouvir durante alguns minutos, aumentamos nossas chances de tomar distância dela. E se nós nos conectamos com nossas necessidades insatisfeitas neste

momento, isso nos ajuda a considerar outras maneiras de contemplá-las.

Exemplo: À noite, as crianças estão difíceis, você está cansado e suscetível e pensa "um cigarro vai me acalmar!". Logo antes de acendê-lo você se pergunta: "O que estou sentindo agora? Qual é minha aspiração"?

Se você puder, faça isso para tornar mais claras suas necessidades, e assim deixar de se focar em sua dependência! Pouco a pouco, essa prática aumentará seu espaço de escolha. E pode ser que, de tempos em tempos, você não mergulhe na dependência mas satisfaça sua necessidade de outro modo, por exemplo respirando lentamente ar fresco ou tratando com ternura sua parte suscetível...

Se você não conseguir se escutar logo antes do mergulho explore sua dependência fora dos momentos difíceis.

Exemplos de dependência: tabaco, álcool, drogas, sexo, compras, comida, redes sociais, televisão, computador, esporte excessivo, solidão, companhia... Repetições compulsivas (lavar as mãos trinta vezes por dia, verificar o gás...).

9. Mas, o que fazer quando estamos deprimidos demais para trabalhar nossa interioridade ou para escutar com profundidade todas as nossas partes?

Nesse caso, simplesmente abandone o D de depressão por um destes quatro D:

Distração

Às vezes, estamos tão mal que apenas a ação nos ajuda: nos mantemos ocupados para não nos afundar.

Por exemplo: esporte, televisão, amizades, beleza da natureza, viagens... podem nos ajudar a nos agarrar à vida. Viktor Frankl, preso em um campo de concentração em Dachau, no ano de 1940, se motivava admirando o pôr do sol.

Pode acontecer que um tempo de integração seja necessário depois de um choque, um trauma, uma depressão, de maneira a equilibrar nosso corpo e nossa psique. Etimologicamente: dis-trair, vem de dis (=separado) e trahere (=puxar).

Doação

Buscar contribuir para o bem-estar do outro, dando algo de si, ajuda a relativizar e a diminuir o próprio sofrimento.

Por exemplo: dedicar-se aos imigrantes recém-chegados em seu país.

Demanda...

de companhia, de interação. Às vezes, precisamos de cora
gem para pedir ajuda, mas que benefício quando aceitamo
recebê-la!

Por exemplo: contactar um(a) amigo(a) e lhe propor u
passeio.

Descida...

ao sofrimento, sozinho ou acompanhado, a fim de encontrá-
plenamente. Quando um tormento é acolhido por completo, e
se transforma.

Por exemplo: eu solicito a uma pessoa próxima que n
ouça; eu peço a ela que me ajude a "permanecer no que vivo co
dificuldade", que simplesmente esteja ali, sem tentar resolve
minha dificuldade, me consolar, aconselhar etc. Uma presenç
comedida, mesmo sem palavras, é um grande calmante.

Eu espero que você pratique a autoempatia por qualque
vivência, inclusive as agradáveis. Por isso nós vamos abord
um exercício muito importante, dedicado ao acolhimento c
nossas alegrias.

10. Celebrar seus sucessos e alegrias

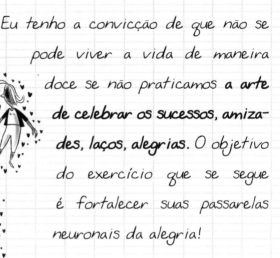

Eu tenho a convicção de que não se pode viver a vida de maneira doce se não praticamos **a arte de celebrar os sucessos, amizades, laços, alegrias.** O objetivo do exercício que se segue é fortalecer suas passarelas neuronais da alegria!

Se você imprimir em si, com profundidade, as sensações associadas a seus momentos de orgulho, alegria e sucesso, elas darão apoio a você em momentos difíceis.

Recentemente, uma amiga, em luto por uma pessoa próxima, estava tão triste que falava bastante do assunto com quem convivia. Mas ela havia desenvolvido este hábito inspirador: começava contando e saboreando os bons momentos vividos com a falecida, depois dividia sua tristeza. Enfim, ela se cercava, pela partilha, de outras boas lembranças.

Pense em um de seus sucessos ou uma de suas alegrias.

....

Se dê bastante tempo para sentir suas vivências.

....

Quais são as suas necessidades satisfeitas?

....

Celebre-as de coração aberto.

....

Como você se sente agora?

....

E aqui estão algumas frases de sabedoria para meditar, para caso de, neste momento, você não conseguir se ligar com vivências alegres. Isso pode acontecer e, se é seu caso, eu acolho você com a compaixão de meu coração.

É pela falta que eu conheço o valor do que é real.
Christian Bobin

Meus sofrimentos são a matéria-prima de meu crescimento!

Eu sou livre para ter, contra a má sorte, um coração bom.

II. Prática final, destinada a nos orientar em direção a nosso Si

Esse SI, esse **Eu** comum a todos os seres humanos e no qual emergem nossas vivências, nossos pensamentos... O que é isso, como é constituído? Para descobrir, basta dar meia-volta em direção a seu **Si**, sua "*girafa interior*", a fim de se imergir nele.

Comece dizendo ou pensando "**eu estou consciente de...**" e acrescente a essa frase aquilo de que está consciente no momento. **Exemplo:** eu estou consciente de minha raiva, de meu desespero etc.

Depois, no momento oportuno, diga "**eu estou consciente**", mas não acrescente nada ao fim da frase. O essencial, aqui, é se orientar para "**eu estou consciente**" e não para "eu estou com raiva, desesperado...".

A serenidade se encontra na autocompaixão e também no fato de se voltar simplesmente para o "**Esse**" que conhece e abraça tudo. E Esse que abraça tudo é nossa **girafa interior**, nosso **Si**, nossa **Fonte**.

O simples "**eu estou consciente**" vai cuidar de sua tristeza, d(
seu desespero, etc.

Eu sou "Esse" que está consciente que estou consciente.
Rupert Spira

**Bons ventos em seu caminho
em direção ao amar-se mesmo.**

Agradecimentos

Agradeço a Alec de la Barre, Michel van Bellinghen, Véronique Berryer, Isabelle France, Nathalie Kumps, Anne-Charlotte Roussel e Aurélie Willocq pelos comentários pertinentes e engajados!

Agradeço pelas trocas generosas e esclarecedoras de Anne Bourrit, Robert Gonzales, Miki Kashtan, Nanna Michaël, Isabelle Padovani, Marshall Rosenberg, Susan Skye, Godfrey Spencer e Bob Wentworth: elas inspiraram este escrito.

Bibliografia

Système familial intérieur: blessures et guérison — un nouveau modèle de psychothérapie [Sistema familiar interior: feridas e cura — um novo modelo de psicoterapia], Richard Schwartz, Elsevier, 2009.

Sentimentos experimentados quando nossas necessidades estão satisfeitas

aberto, acalmado, alegre, alimentado, aliviado, alvoroçado, agradecido, animado, apaixonado, assegurado, atônito, à vontade, admirativo, amoroso, apaziguado, aventuroso, bem disposto, brincalhão, calmo, caloroso, cativado, centrado, concentrado, concernido, confiante, confortado, contente, curioso, descansado, descontraído, desimpedido, desperto, despreocupado, determinado, dinâmico, divertido, dividido, eletrizado, em expansão, embriagado, emocionado, encantado, encorajado, enérgico, energizado, engajado, enternecido, entregue, estimulado, estupefato, entusiasmado, entusiasta, exaltado, excitado, exuberante, esperançoso, fascinado, feliz, fervoroso, festivo, folgado, forte, harmônico, implicado, inflamado, inspirado, interessado, intrigado, leve, libertado, ligado, livre, luminoso, maravilhado, motivado, orgulhoso, otimista, pacificado, piedoso, pleno, prazenteiro, protegido, próximo, radiante, realizado, receptivo, regenerado, relaxado, renovado, revigorado, saciado, satisfeito, seduzido, seguro de si, sensibilizado, sensível, sereno, sossegado, surpreso, tocado, tranquilo, transformado, travesso, vivo, vívido.

Sentimentos experimentados quando nossas necessidades estão insatisfeitas

abalado, abatido, aflito, agitado, alarmado, amargo, amedrontado, angustiado, ansioso, apartado, apavorado, arrasado, assediado, assoberbado, assustado, aterrorizado, atônito, atordoado, atormentado, atrapalhado, atropelado, bloqueado, bravo, cansado, cético, chateado, chocado, cismado, colérico, concernido, confuso, consternado, constrangido, contrariado, defasado, deprimido, derrotado, desamparado, desanimado, desapontado, desconcertado, desconfiado, desconfortável, descontente, desenganado, desesperado, desestabilizado, desgostoso, desmoralizado, desmunido, desnorteado, desolado, desorientado, despedaçado, distante, devastado, dividido, embaraçado, emocionado, enrolado, entediado, envergonhado, esgotado, estressado, estupefato, esvaziado, exaltado, exasperado, exausto, extenuado, faminto, ferido, fora de si, frágil, frustrado, furioso, gelado, hesitante, horrorizado, impaciente, importunado, impotente, incerto, incomodado, incrédulo, indeciso, indiferente, infeliz, inquieto, insatisfeito, insensível, intimidado, intrigado, irritado, mal, melancólico, na defensiva, nervoso, no limite, pasmo, perdido, perplexo, perturbado, pesado, pessimista, preocupado, rabugento, raivoso, reservado, resignado, ressentido, reticente, saturado, sedento, sem energia, sobrecarregado, sombrio, sonolento, sozinho, sufocado, surpreendido, suscetível, taciturno, tenso, testado, transtornado, triste, tristonho, turbulento, vexado, vulnerável.

Palavras proscritas:

Elas são a soma de um sentimento e de um julgamento sobre o outro ou sobre si mesmo:

abandonado, abusado, acuado, acusado, agredido, ameaçado, assediado, atacado, burro, caluniado, coagido, criticado, culpado, denegrido, desacreditado, descartado, desconside-

rado, desimportante, desprezado, desprezível, desvaloriza-
do, detestado, diminuído, dominado, enganado, engodado, enrolado, estúpido, excluído, explorado, flagrado, forçado,
humilhado, ignorado, importunado, incapaz, incompetente,
incompreendido, incriminado, indesejável, indigno, infan-
tilizado, insultado, inútil, isolado, lamentável, largado,
ludibriado, maculado, maltratado, manipulado, medíocre,
não aceito, não amado, não ouvido, não visto, negligencia-
do, ofendido, perseguido, perturbado, pisado, pressionado,
provocado, rebaixado, rejeitado, repudiado, ridiculariza-
do, sem valor, sitiado, superprotegido, sufocado, tapeado,
traído, trapaceado, ultrajado, usado, vencido, violado.

Algumas necessidades fundamentais

Subsistência: respirar, beber, comer…
Segurança: segurança afetiva e material, reconforto, apoio,
cuidados…
Liberdade: autonomia, independência, espontaneidade, escolher
seus sonhos, valores, objetivos…
Lazeres: se soltar, jogos…
Identidade: estar de acordo com seus valores, afirmação de si,
pertencimento, autenticidade, autoconfiança, estima e respeito
por si mesmo/pelo outro, evolução, integridade…
Participação: cooperação, agir em conjunto, cocriação, conexão, expressão, interdependência, contribuição para o bem-estar, para o desenvolvimento de si/do outro, para a vida…
Sociais: aceitação, pertencimento, atenção, comunhão, companhia, contato, intimidade, partilha, proximidade, amor, afei-
ção, calor humano, honestidade, sinceridade, respeito, ternura, confiança, comunicação, harmonia, reconforto…
Autorrealização: expressão de si, evolução, aprendizado, rea-
lização de seu potencial, criatividade…
Sentido: clareza, compreensão, discernimento, orientação, sig-
nificação, transcendência, unidade, sentido…
Celebração: apreciação, partilha das alegrias e das tristezas,
ritualização, gratidão…
Espiritualidade: beleza, inspiração, paz, transcendência...

Coleção Praticando o Bem-estar
Selecione sua próxima leitura

- ❑ Caderno de exercícios para aprender a ser feliz
- ❑ Caderno de exercícios para saber desapegar-se
- ❑ Caderno de exercícios para aumentar a autoestima
- ❑ Caderno de exercícios para superar as crises
- ❑ Caderno de exercícios para descobrir os seus talentos ocultos
- ❑ Caderno de exercícios de meditação no cotidiano
- ❑ Caderno de exercícios para ficar zen em um mundo agitado
- ❑ Caderno de exercícios de inteligência emocional
- ❑ Caderno de exercícios para cuidar de si mesmo
- ❑ Caderno de exercícios para cultivar a alegria de viver no cotidiano
- ❑ Caderno de exercícios e dicas para fazer amigos e ampliar suas relações
- ❑ Caderno de exercícios para desacelerar quando tudo vai rápido demais
- ❑ Caderno de exercícios para aprender a amar-se, amar e - por que não? - ser amad(a)
- ❑ Caderno de exercícios para ousar realizar seus sonhos
- ❑ Caderno de exercícios para saber maravilhar-se
- ❑ Caderno de exercícios para ver tudo cor-de-rosa
- ❑ Caderno de exercícios para se afirmar e - enfim - ousar dizer não
- ❑ Caderno de exercícios para viver sua raiva de forma positiva
- ❑ Caderno de exercícios para se desvencilhar de tudo o que é inútil
- ❑ Caderno de exercícios de simplicidade feliz
- ❑ Caderno de exercícios para viver livre e parar de se culpar
- ❑ Caderno de exercícios dos fabulosos poderes da generosidade
- ❑ Caderno de exercícios para aceitar seu próprio corpo
- ❑ Caderno de exercícios de gratidão
- ❑ Caderno de exercícios para evoluir graças às pessoas difíceis

- ❑ Caderno de exercícios de atenção plena
- ❑ Caderno de exercícios para fazer casais felizes
- ❑ Caderno de exercícios para aliviar as feridas do coração
- ❑ Caderno de exercícios de comunicação não verbal
- ❑ Caderno de exercícios para se organizar melhor e viver sem estresse
- ❑ Caderno de exercícios de eficácia pessoal
- ❑ Caderno de exercícios para ousar mudar a sua vida
- ❑ Caderno de exercícios para praticar a lei da atração
- ❑ Caderno de exercícios para gestão de conflitos
- ❑ Caderno de exercícios do perdão segundo o Ho'oponopono
- ❑ Caderno de exercícios para atrair felicidade e sucesso
- ❑ Caderno de exercícios de Psicologia Positiva
- ❑ Caderno de exercícios de Comunicação Não Violenta
- ❑ Caderno de exercícios para se libertar de seus medos
- ❑ Caderno de exercícios de gentileza
- ❑ Caderno de exercícios de Comunicação Não Violenta com as crianças
- ❑ Caderno de exercícios de espiritualidade simples como uma xícara de chá
- ❑ Caderno de exercícios para praticar o ho'oponopono
- ❑ Caderno de exercícios para convencer facilmente em qualquer situação
- ❑ Caderno de exercícios de arteterapia
- ❑ Caderno de exercícios para se libertar das relações tóxicas
- ❑ Caderno de exercícios para se proteger do Burnout graças à Comunicação Não Violenta
- ❑ Caderno de exercícios de escuta profunda de si
- ❑ Caderno de exercícios para desenvolver uma mentalidade de ganhador
- ❑ Caderno de exercícios para ser sexy, zen e feliz